# 1001 choses à trouver dans la mer

Katie Daynes et Susanna Davidson

Illustrations : Teri Gower

Maquette : Natacha Goransky et Anna Gould

Experts-conseils en histoire naturelle :
Margaret Rostron et John Rostron

Traduction : Claire Lefebvre

# Sommaire

# Comment utiliser ce livre

Les scènes de ce livre représentent les mers et les océans du monde entier. Chaque scène propose une foule de choses à chercher et à compter. Aux pages 34 et 35, tu trouveras également un jeu avec d'autres choses à chercher dans la mer. Il y en a en tout 1 001 à découvrir au fil des pages !

Le nombre indique combien de cette chose ou de cet animal tu dois trouver.

## Le Grand Nord

L'océan Arctique est le plus froid du globe. Il est gelé une grande partie de l'année. L'hiver, il est plongé dans l'obscurité, tandis que l'été le soleil ne se couche jamais. Peu d'animaux y survivent toute l'année, mais, l'été, ses eaux grouillent de vie.

10 capelans
4 sternes arctiques
8 phoques annelés
10 phoques du Groenland
8 bébés phoques
4 ours polaires
9 cabillauds arctiques
5 parkas blanches
3 orques
9 ombles chevaliers

Chaque petite image te montre ce que tu dois chercher dans la grande.

Regarde la carte du monde pour localiser chaque scène.

Voici Lucas. Il a exploré les mers et les océans du monde entier ! Son appareil photo de plongée l'accompagne partout. Tout le long du livre, essaie de chercher l'appareil photo de Lucas dans chaque scène.

# Carte des océans

Plus des deux tiers de la surface du globe sont recouverts par les mers et les océans. Cette carte montre les cinq océans du monde.

OCÉAN ARCTIQUE
Le Grand Nord
pages 12-13
OCÉAN PACIFIQUE
La cité perdue
pages 26-27
Dans l'épave
pages 32-33
Le village
sur pilotis
pages 24-25
OCÉAN INDIEN
Le récif de corail
pages 14-15
L'Antarctique
pages 28-29

# En pleine mer

Les zones océaniques situées loin des côtes sont qualifiées de pleine mer. Des bancs de poissons se rassemblent près de la surface ensoleillée et des requins viennent s'en nourrir. Les oiseaux marins plongent en piqué et les tortues marines pourchassent les méduses dans la houle.

10 maquereaux

9 poissons volants

7 thonines communes

3 fous de Bassan

4 requins bleus

3 poissons-lunes

8 calmars

8 calicagères demi-lunes

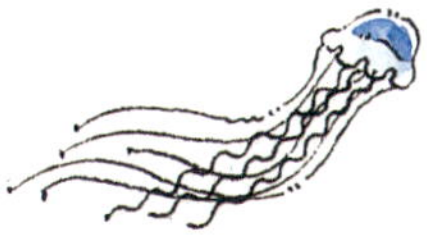
10 méduses

1 baleine à bosse

# Les sports nautiques

Le vent se lève sur la mer et des vagues se forment. Des enfants, sur leur bodyboard, glissent vers la plage tandis que, plus au large, les voiles des véliplanchistes prennent le vent et filent à la surface de l'eau.

9 balises flottantes rouges

6 voiles rayées

10 goélands

5 véliplanchistes

7 bodyboards

4 hors-bord

10 palmes

5 scooters des mers

9 gilets de sauvetage jaunes

3 bouées

# Le Grand Nord

L'océan Arctique est le plus froid du globe. Il est gelé une grande partie de l'année. L'hiver, il est plongé dans l'obscurité, tandis que l'été le soleil ne se couche jamais. Peu d'animaux y survivent toute l'année, mais, l'été, ses eaux grouillent de vie.

10 capelans

4 sternes arctiques

8 phoques annelés

10 phoques du Groenland

8 bébés phoques

4 ours polaires

9 cabillauds arctiques

5 parkas blanches

3 orques

9 ombles chevaliers

# Le récif de corail

Les récifs coralliens se développent dans les eaux peu profondes des océans du monde entier. Ils abritent des milliers d'espèces de plantes et d'animaux. Mais attention : certains, bien que magnifiques, sont aussi très dangereux.

10 poissons-clowns

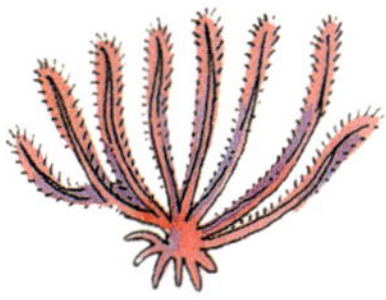

7 crinoïdes

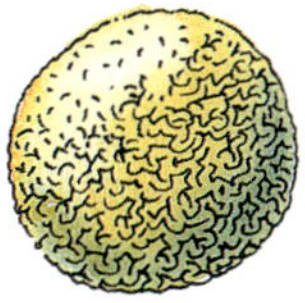

4 cerveaux de Neptune

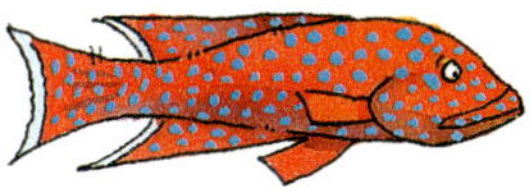

5 mérous

6 poissons porcs-épics

9 poissons fléchettes

8 limaces de mer

10 poissons-anges empereurs

5 bénitiers géants

9 balistes

# Le bord de mer

Lorsque la mer se retire, à marée basse, le rivage regorge de choses à découvrir. Les gens viennent pique-niquer et chercher toutes sortes d'animaux dans les flaques laissées entre les rochers. Les oiseaux du littoral se rassemblent aussi sur la plage pour un repas facile.

8 huîtriers pie

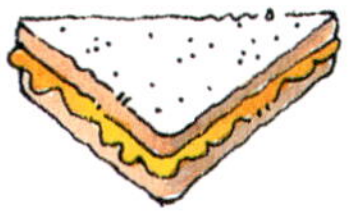
4 sandwichs

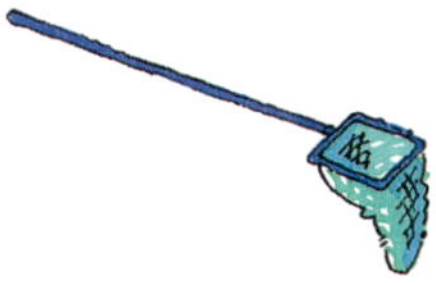
5 épuisettes

7 bernard-l'ermite

9 bancs de moules

3 chapeaux bleus

10 gobies

8 crabes verts

6 mouettes rieuses

9 seaux rouges

# La forêt sous-marine

Le long de certaines côtes, des forêts de kelp, des algues géantes, offrent un abri à de nombreuses espèces. Certaines s'en servent de pouponnière pour leur progéniture ou de refuge ; pour d'autres, c'est un terrain de chasse idéal.

10 demoiselles Garibaldi

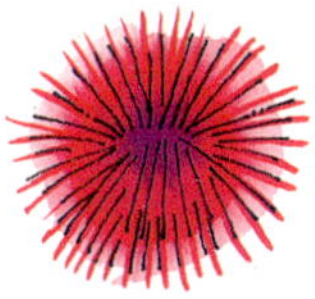
10 oursins

8 turbos

5 sébastes noirs

9 araignées de mer

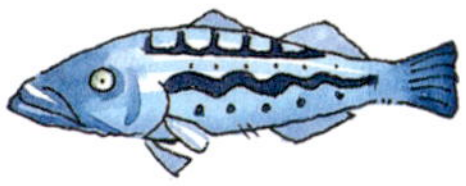
8 serrans des algues

4 loutres de mer

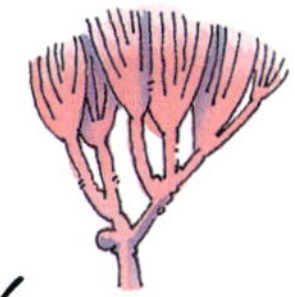
6 gorgones

2 requins-léopards

8 blennies des varechs

# En croisière

D'énormes navires transportant des passagers et des marchandises parcourent les océans. Les paquebots de croisière sont parmi les plus grands. Véritables hôtels flottants, ils offrent chambres, piscines et restaurants. Souvent, des dauphins les accompagnent en nageant le long de la proue.

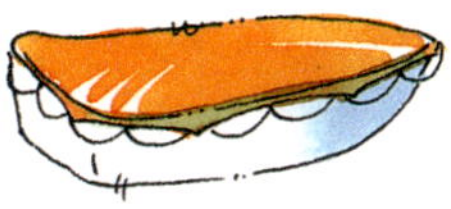

3 canots de sauvetage

7 bouées de sauvetage

8 lampadaires

5 tables

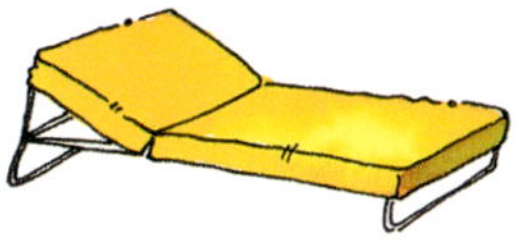

6 chaises longues jaunes

4 voiliers

10 palmiers

8 chaises longues rayées

9 officiers de marine

4 paires de jumelles

# Dans les abysses

Dans les profondeurs océaniques règne l'obscurité. D'étranges animaux rôdent près du fond : poissons à grandes dents qui produisent leur propre lumière, sortes d'anguilles avec une gueule énorme ou pieuvres portant sur la tête des nageoires semblables à des oreilles.

10 poissons-lanternes

9 crevettes hydrothermales

10 crabes hydrothermaux

5 pieuvres Dumbo

1 submersible

7 cheminées hydrothermales

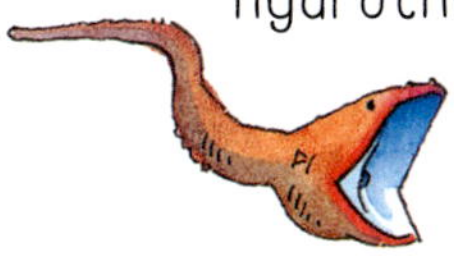
5 grandgousiers-pélicans

6 baudroies abyssales

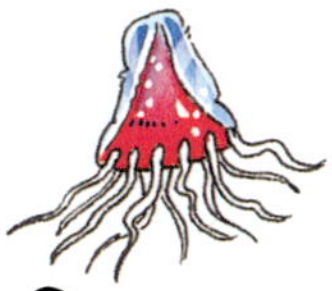
9 méduses des abysses

8 revenants

# Le village sur pilotis

Les nomades de la mer sont des gens qui habitent des cabanes en bambou dressées sur pilotis le long de la côte ouest de la Thaïlande, dans la mer d'Andaman. Ils vivent de la pêche et plongent pour récolter des perles depuis leurs canoës en bois, appelés kabang, qu'ils fabriquent eux-mêmes.

5 cabanes

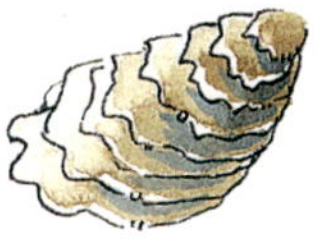
9 huîtres

7 canoës

10 durians

5 fous à pieds rouges

10 rames

8 tee-shirts blancs

10 noix de coco pas mûres

6 échelles

4 chiens

# La cité perdue

Sous les eaux de la Méditerranée, gît la cité perdue d'Héracléion, qui fut autrefois le port d'entrée de l'Égypte. Des plongeurs y recherchent des pièces d'or, des statues et des navires ensevelis. De nombreux animaux ont fait leur habitat de cette cité engloutie.

9 éperlans du large

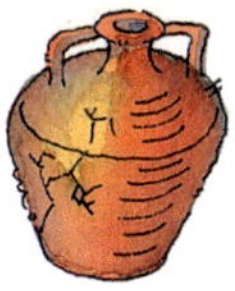

6 jarres

7 dorades

7 pièces d'or

7 plongeurs

10 poissons cardinaux

6 pieuvres

9 bulots

10 bonites

1 tête en pierre blanche

# L'Antarctique

L'océan Austral s'étend autour de l'Antarctique. Au printemps, les manchots nidifient sur les côtes rocheuses, tandis que les éléphants de mer viennent à terre pour se reproduire. Les baleines sillonnent les eaux froides, se nourrissant de plancton (krill) et de petits poissons.

1 bateau d'observation des baleines

6 sacs à dos

5 éléphants de mer

9 manchots à jugulaire

8 albatros

3 queues de baleine

10 manchots royaux

10 bébés manchots

9 labbes bruns

4 dauphins sabliers

# Les fonds herbeux

Les palétuviers des mangroves plongent leurs racines dans l'eau salée. Leur entrelacs offre un abri aux poissons et aux crabes et un garde-manger idéal aux oiseaux aquatiques. Les lamantins broutent les herbiers marins poussant sur les fonds boueux.

10 mulets
8 bigorneaux jaunes
8 poissons-chats
3 lamantins
10 poissons-papillons
7 pousses
6 spatules rosées
9 vivaneaux
8 crabes bleus
7 tortues diamants

# Dans l'épave

Englouties sous les mers et les océans, des épaves, dont certaines remontent à plusieurs siècles, attendent d'être découvertes. Des plongeurs en scaphandre autonome munis d'ardoises sous-marines viennent dessiner ce qu'ils voient.

9 barracudas
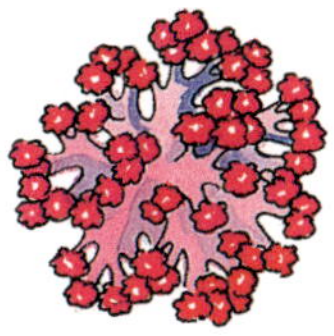
5 coraux carnation

9 poissons-écureuils

1 ancre

10 poissons-chirurgiens

9 gaterins arlequins

2 ardoises de plongée

9 poissons-cochers

4 murènes

7 poissons-vaches

# D'autres choses à trouver

Lucas a photographié des animaux marins dans chaque scène de ce livre. Cherche à quelles pages ils apparaissent et compte-les.

6 rascasses volantes

3 poissons-trépieds

8 hippocampes

10 *lethrinus*

7 grands dauphins

8 gorfous macaronis

5 soleils de mer

7 aurélies

6 langoustes

7 blennies papillon

2 napoléons

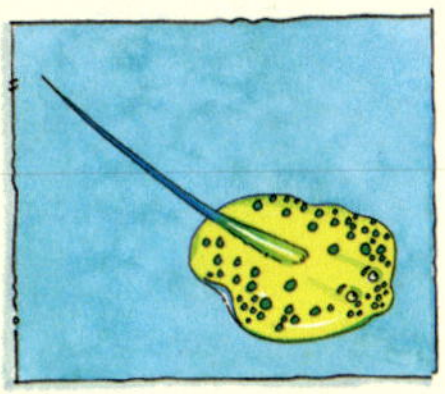

1 raie pastenague à points bleus

10 morses

10 anémones de mer rouges

9 balistes Picasso

3 tortues caouannes

# Les habitats

Dans les mers et les océans, toutes sortes d'habitats coexistent, comme les mares du rivage ou les récifs coralliens. Chaque animal est parfaitement adapté à son habitat. En voici quelques exemples :

| Espèce marine | Habitat | Comment y sont-ils adaptés ? |
| --- | --- | --- |
|   |   | Les moules sont solidement fixées aux rochers par des sortes de filaments. Quand la marée descend, elles ne sont pas emportées par les vagues. |
|   |   | Grâce à leur fourrure blanche, les bébés phoques du Groenland passent inaperçus sur la banquise. Une épaisse couche de graisse leur tient chaud. |
|   |   | Les poissons-clowns vivent parmi les anémones des récifs de corail. Pour la plupart des poissons, elles sont venimeuses, mais les écailles du poisson-clown sont enduites d'un mucus protecteur. |
|   |   | Sur la tête, les femelles sont dotées d'un appendice terminé par un leurre luminescent. En forme de canne à pêche, il attire les proies dans les eaux sombres des profondeurs. |

# La chaîne de la vie

Les animaux marins dépendent les uns des autres. Certains se nourrissent de plantes, tandis que d'autres chassent et mangent d'autres animaux. Cette chaîne alimentaire montre comment les animaux sont reliés les uns aux autres par ce qu'ils mangent. Les flèches relient les proies à leurs prédateurs.

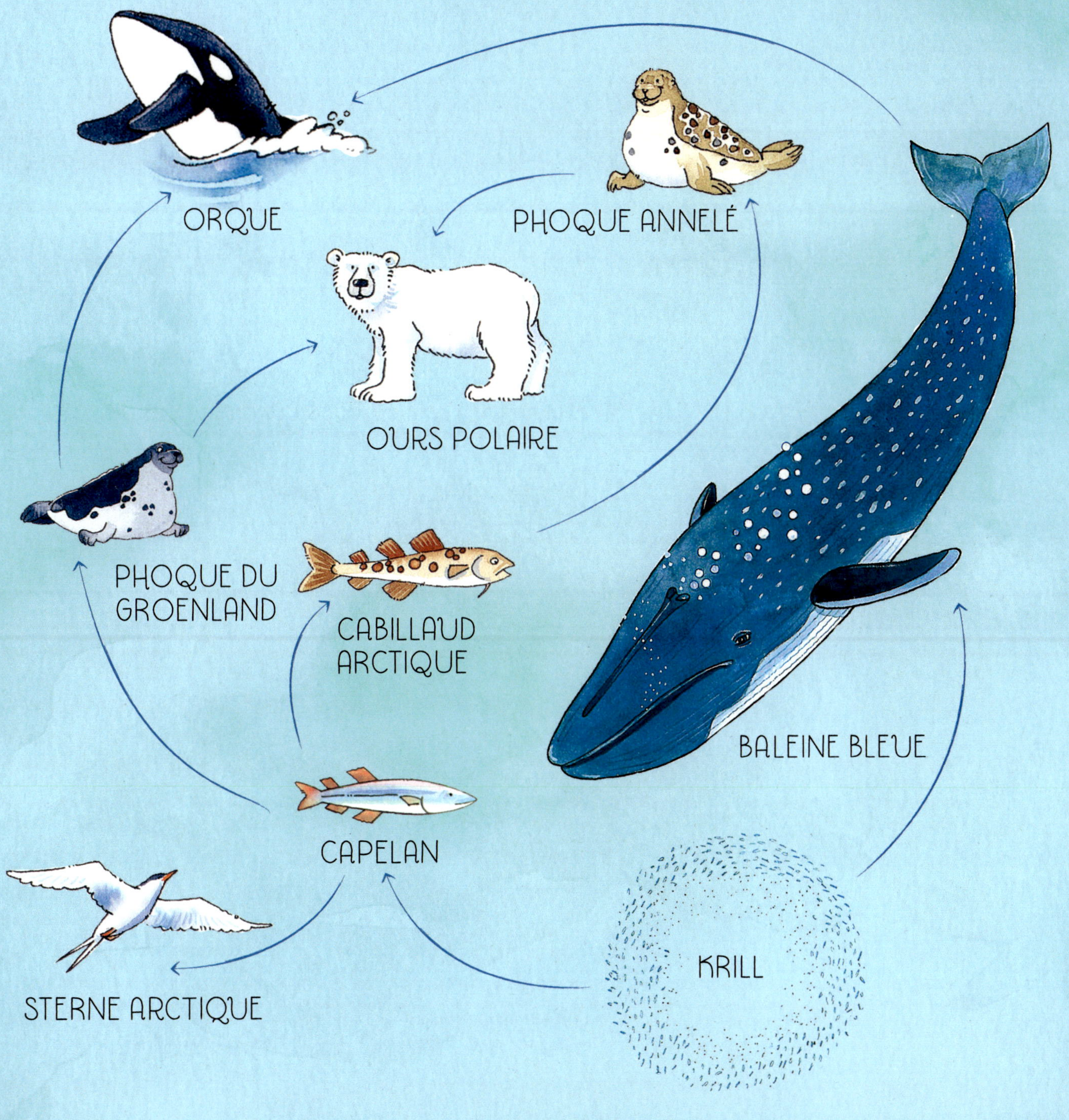

# Le sais-tu ?

Voici des faits étonnants sur des animaux ou végétaux figurant dans ce livre.

Les STERNES ARCTIQUES effectuent le plus long voyage du règne animal. Chaque année, elles migrent de l'Arctique à l'Antarctique et retour, soit un trajet de près de 90 000 km.

L'OURS POLAIRE est le second plus gros carnivore terrestre. L'adulte peut mesurer jusqu'à 3 m de long et peser de 600 à 800 kg.

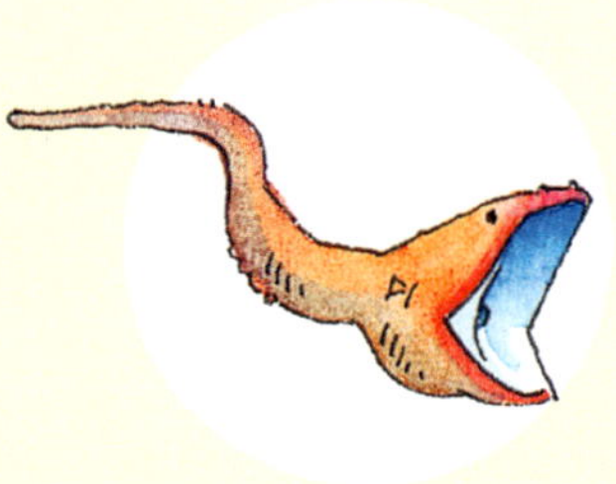

Les GRANDGOUSIERS ont une gueule énorme, bien plus large que leur corps. Ils peuvent avaler des animaux plus gros qu'eux.

Les BÉNITIERS GÉANTS se fixent à un endroit du récif et y restent toute leur vie. Leur longévité peut atteindre un siècle, voire plus.

Les BERNARD-L'ERMITE abritent leur corps mou dans une coquille abandonnée. Quand ils deviennent trop gros, ils abandonnent cette coquille pour une plus grande.

La LOUTRE DE MER possède la fourrure la plus dense de tous les mammifères, avec une estimation de 170 000 poils au centimètre carré.

Le DURIAN sent tellement mauvais qu'à Singapour il est interdit dans les trains.

Les PIEUVRES sont les plus intelligents des invertébrés. Elles sont capables d'utiliser des outils, d'ouvrir des boîtes à pilules à l'épreuve des enfants et de se camoufler en trois dixièmes de seconde.

Les ÉLÉPHANTS DE MER MÂLES peuvent gonfler leur nez en forme de trompe afin d'amplifier leurs grognements dans le but de parader devant les femelles.

# Réponses

As-tu trouvé tous les animaux marins photographiés dans le livre ?
Voici où ils se trouvent :

7 aurélies : En pleine mer (pages 8-9)
10 *lethrinus* : Le village sur pilotis (pages 24-25)
8 hippocampes : Les fonds herbeux (pages 30-31)
7 grands dauphins : En croisière (pages 20-21)
9 balistes Picasso : Le récif de corail (pages 14-15)
6 langoustes : Les fonds herbeux (pages 30-31)
10 morses : Le Grand Nord (pages 12-13)
8 gorfous macaronis : L'Antarctique (pages 28-29)
10 anémones de mer rouges : Le bord de mer (pages 16-17)
2 napoléons : Dans l'épave (pages 32-33)
7 blennies papillons : La cité perdue (pages 26-27)
5 soleils de mer : La forêt sous-marine (pages 18-19)
1 raie pastenague à points bleus : Dans l'épave (pages 32-33)
3 tortues caouannes : En pleine mer (pages 8-9)
6 rascasses volantes : Le récif de corail (pages 14-15)
3 poissons-trépieds : Dans les abysses (pages 22-23)

# Index




Création numérique et retouches : Mike Olley et John Russell

Rédaction : Anna Milbourne et Jane Chisholm

L'éditeur remercie les personnes suivantes pour leurs conseils : Emad Khalil, archéologue sous-marin à l'université de Southampton ; Jonathan Mendez, instructeur de navigation pour la Royal Yachting Association ; Rachael Saul, Hebridean Cruises Ltd ; Matt Slater, biologiste marin au Blue Reef Aquarium de Newquay ; Sally Thomas, du Royal Institute of Naval Architects